DONNER C'EST RECEVOIR

Mini-Cours pour guérir nos relations, vivre avec amour et faire l'expérience de la paix intérieure

Docteur Gerald G. Jampolsky

Editions Soleil

Couverture : graphisme Patrick Leroy
Titre original : Mini Course for Healing Relationships and Bringing About Peace of Mind
Traduction de l'américain : Michèle Rose Wainhouse, Edmonde Klehmann

De plus en plus de personnes se rendent compte que la santé n'est pas seulement une affaire d'alimentation saine, d'exercice et de médecines douces. Se délivrer des émotions négatives (jugement, peur, colère, frustration, etc.) et des relations de co-dépendance (où chacun cherche à changer les autres plutôt que de se changer lui-même) est indispensable pour une vie harmonieuse.

Aux Etats-Unis, le docteur Gerald Jampolsky est l'un des auteurs du Nouvel Age les plus connus et appréciés. Ses livres, que les Editions Soleil ont la joie de publier en langue française, connaissent un très grand succès, à la mesure du puissant message de lumière et d'amour qu'ils apportent.

Dans **Donner c'est Recevoir**, *ce message est présenté sous la forme originale est éminemment pratique d'un Mini-Cours dont les 18 leçons s'adressent directement à l'intelligence du coeur.*

Elles vous invitent à améliorer toujours plus vos relations avec les autres par une conscience authentique d'amour et d'harmonie et elles vous montrent comment découvrir le trésor de la paix intérieure. Ces 18 leçons soutiendront votre démarche pour que votre vie quotidienne soit illuminée par votre soleil intérieur !

Les Editions Soleil

SOMMAIRE

Les leçons

Introduction

Avec ce Mini-Cours se déroulant sur 18 jours, nous pouvons guérir nos relations et faire l'expérience de la paix intérieure.

Pour la plupart d'entre nous, la vie est difficile à vivre dans un monde qui donne souvent les apparences de la démence et dans lequel nos relations personnelles sont couramment vécues comme incomplètes, transitoires et insatisfaisantes.

Nous sommes nombreux à avoir passé l'essentiel de notre vie à essayer de contrôler et de prévoir.

Il nous semble ne jamais trouver ce après quoi nous courons et notre expérience est plus souvent qu'à son tour celle de la souffrance, de la frustration, de la dépression ou de la maladie.

Le but de ce Cours est de nous aider à reconnaître que nous pouvons **choisir comment nous percevoir nous-mêmes**, comment percevoir les autres et le monde qui nous entoure. Nous pouvons **choisir de vivre la paix ou le conflit**. Nous pouvons choisir de vivre soit dans l'amour, soit dans la peur.

Description du Cours

Ce Cours vous propose des principes directeurs précis, qui prendront pour vous une signification personnelle lorsque vous en appliquerez les leçons quotidiennes et pratiques. Ces leçons sont destinées à vous servir de « plan de route », si vous souhaitez reprogrammer votre mental afin de trouver la paix intérieure.

Peut-être aurez-vous du mal à accepter certains principes et leçons, ou même à voir leur rapport avec les problèmes que vous rencontrez dans votre vie quotidienne. Ces doutes et incertitudes n'ont pas vraiment d'importance.

Cependant, votre bonne volonté à mettre toutes les leçons en pratique, sans exception, est déterminante. C'est l'expérience résultant de cette pratique qui vous aidera à vous rapprocher de votre but : un plus grand bonheur personnel.

Système de croyance/réalité

Nous sommes ce que nous croyons. Notre système de croyance est basé sur nos expériences passées, sans cesse revécues dans le présent, avec l'attente d'un futur à l'image de ce passé. Nos perceptions présentes sont influencées par le passé au point que nous sommes incapables de voir les événements qui se produisent dans l'instant présent sans distorsions et limitations.

Avec de la bonne volonté, nous pouvons réviser l'idée que nous nous faisons de nous-mêmes afin d'arriver à une perception nouvelle et plus profonde de notre identité réelle.

Nous sommes tous sans limites

Pour faire l'expérience de ce sentiment de totale liberté, il est important que nous nous détachions de nos préoccupations concernant le passé et le futur en choisissant de vivre dans le moment PRESENT. Etre libre signifie aussi ne pas être confiné dans une réalité qui semble limitée par nos sensations physiques. Etre libre nous permet de vivre dans l'amour que nous partageons avec tous les autres.

L'amour peut être considéré comme l'absence totale de peur. Alors que nous aspirons tous à l'amour, nous sommes nombreux à sembler incapables d'en faire l'expérience. Nos peurs issues du passé et entachées de culpabilité nous empêchent de donner et de recevoir l'amour dans le présent. Amour et peur ne peuvent jamais être ressentis en même temps.

Il nous appartient toujours de choisir entre ces deux émotions. En choisissant plus souvent l'amour au lieu de la peur, nous pouvons changer la nature et la qualité de nos relations.

L'attaque et la défense

Quand nous percevons une autre personne comme nous « attaquant », nous nous mettons en général sur la défensive et trouvons un moyen, direct ou indirect, d'« attaquer » en retour. L'attaque naît toujours de la peur et de la culpabilité. Nul n'attaque à moins de se sentir d'abord menacé et de croire que, par l'attaque, il démontrera sa propre force aux dépens de la vulnérabilité d'une autre personne. Comme toutes les défenses, qui ont pour but de nous empêcher de prendre conscience de notre peur et de notre culpabilité, l'attaque ne fait, en réalité, que perpétuer le problème.

Nous croyons en général que l'« attaque » est le meilleur moyen d'obtenir ce que nous voulons. Nous semblons oublier qu'« attaque » et « défense » ne nous apportent pas la paix intérieure.

Pour faire l'expérience de la paix au lieu du conflit, il est nécessaire de changer notre perception. Au lieu de percevoir les autres comme nous attaquant, nous pouvons comprendre qu'ils ont peur. Nous exprimons toujours soit l'amour, soit la peur. En fait, la peur est un appel à l'aide et donc une demande d'amour. Il devient alors évident que, pour faire l'expérience de la paix, nous devons reconnaître que nous avons le choix lorsqu'il s'agit de déterminer ce que nous percevons.

Nos tentatives pour « corriger » les autres, même quand nous croyons leur offrir une critique constructive, ne sont bien souvent que des attaques pour leur démontrer qu'ils ont « tort » et que nous avons « raison ». Il nous serait utile d'examiner nos motivations. Enseignons-nous l'amour ou faisons-nous la démonstration de l'attaque ?

Si les autres ne changent pas en fonction de nos attentes, nous avons tendance à les considérer comme coupables, renforçant ainsi notre propre croyance en la culpabilité. Nous accédons à la paix de l'esprit quand nous ne voulons plus changer les autres, mais que nous les acceptons simplement tels qu'ils sont. L'acceptation vraie est toujours sans attente.

Le pardon

Ce Cours repose sur l'idée que nous ne pouvons accéder à la paix intérieure que par la pratique du pardon. Le pardon est l'abandon du passé et, par conséquent, le moyen de corriger nos erreurs de perception.

Corriger nos fausses perceptions n'est possible que dans le présent et seulement en annulant tout ce que nous pensons que les autres nous ont fait et tout ce que nous pensons leur avoir fait. Par ce processus d'oubli sélectif, nous devenons libres d'aborder le présent sans nous encombrer de nos fausses perceptions réactivées du passé.

Grâce au pardon véritable, nous pouvons mettre fin au retour incessant de notre culpabilité et nous considérer, nous-mêmes et les autres, avec amour. Le pardon nous délivre des pensées qui semblent nous séparer les uns des autres. Ne croyant pas en la séparation, nous pouvons accepter notre propre guérison et étendre cet amour qui guérit à tout notre entourage. La guérison devient alors la pensée de l'unité.

Quand nous reconnaissons la paix intérieure comme notre but unique, le pardon devient notre seule fonction. A partir du moment où nous acceptons et notre nature et notre but, nous découvrons aussi que l'écoute de la voix intérieure de notre intuition devient notre seul guide vers la plénitude.

Nous nous libérons en libérant les autres de la prison de nos perceptions déformées et illusoires et nous les rejoignons dans l'unité de l'amour.

Obtenir et donner

Il est important de nous rappeler que nous avons tout ce dont nous avons besoin dans l'instant présent et que l'essence de notre être est l'« amour ». Si nous pensons avoir besoin d'obtenir quelque chose d'une autre personne, nous allons l'aimer si nous recevons ce que nous croyons vouloir et la haïr dans le cas contraire. Nous avons fréquemment des relations du type amour/haine, dans lesquelles nous négocions de l'amour conditionnel. Le désir d'« obtenir » nous conduit vers le conflit et les expressions d'hostilité envers nous-mêmes et les autres.

A l'inverse, la motivation de « donner » apporte un sentiment de paix intérieure et de joie qui transcende le temps. « Donner », c'est répandre son amour sans condition, sans attente et sans limite.

Nous trouvons la paix de l'esprit lorsque nous mettons toute notre attention dans le « don » et ne désirons ni obtenir quelque chose d'une autre personne ni la changer.

Reprogrammer le mental

Pour faciliter cette reconversion, pensez à vous poser les questions suivantes, en toute circonstance, privée ou interpersonnelle.

1. Est-ce que je choisis de faire l'expérience de la **paix** de l'esprit ou bien est-ce que je choisis de faire l'expérience du **conflit** ?

2. Est-ce que je choisis de faire l'expérience de l'**amour** ou de la **peur** ?

3. Est-ce que je choisis d'**aimer** ou de **critiquer** ?

4. Est-ce que je choisis de **donner** de l'amour ou de **demander** de l'amour ?

5. Cette communication (verbale ou non verbale) manifeste-elle de l'amour pour l'autre personne et pour moi-même ?

Bien souvent, nos pensées, nos dires et nos actions sont dénués d'amour. Si nous voulons la paix de l'esprit, il est essentiel que nos communications avec les autres apportent un sentiment d'union.

Pour avoir la paix intérieure, il est nécessaire d'accorder ce que nous pensons avec ce que nous disons et faisons.

Des mots à effacer

Une autre méthode pour reprogrammer le mental consiste à reconnaître l'impact des mots que nous utilisons. Vous trouverez sur la page suivante les mots que nous utilisons le plus dans les messages que nous adressons à nous-mêmes et aux autres. L'usage de ces mots entretient dans notre mental le pouvoir d'un passé coupable et d'un futur effrayant. En conséquence, nos sentiments de conflit ne peuvent qu'en être renforcés. Plus nous admettrons que l'usage de ces mots entrave notre paix intérieure, moins nous aurons de peine à nous appliquer activement à les éliminer de nos pensées et de notre langage.

Il vous sera peut-être utile d'imaginer un tableau noir. Chaque fois que vous utilisez l'un de ces mots, visualisez-le sur ce tableau et effacez-le. Lorsque vous faites cet exercice, il est important que vous ayez pour vous-même de l'indulgence.

Si vous vous surprenez à continuer à utiliser l'un de ces mots, choisissez de ne pas vous sentir coupable parce que vous avez commis cette erreur. Contentez-vous de penser à la corriger.

Voici la liste des mots à effacer :

- impossible
- ne pas pouvoir
- essayer
- limitation
- si seulement
- mais
- pourtant
- difficile
- devoir
- il faut
- douter
- tout mot qui vous catalogue, vous ou toute autre personne
- tout mot qui tend à vous évaluer, vous ou les autres
- tout mot qui tend à vous juger ou à vous condamner, vous ou quelqu'un d'autre

Comment utiliser les 18 leçons de ce Mini-Cours

Pour tirer le plus grand bénéfice de ce Cours, il vous est suggéré d'en utiliser les divers éléments de la façon suivante :

1. Relisez le texte d'introduction et révisez-en les points essentiels chaque matin, de préférence dès votre réveil.

2. Ensuite, relisez chaque jour la page 29 : **Est-ce que je veux faire l'expérience de la paix ou est-ce que je veux faire l'expérience du conflit ?**

3. Cela fait, passez à la leçon du jour (commencez avec la leçon numéro 1 et continuez dans l'ordre, une leçon par jour). Détendez-vous et prenez au moins cinq minutes pour étudier le texte de la leçon. Lisez-le plusieurs fois jusqu'à ce qu'il finisse par faire partie de vous-même.

4. Gardez ce petit livre près de vous et revoyez la leçon plusieurs fois, dans la journée et dans la soirée, en appliquant la leçon à chaque personne et à chaque circonstance, sans exception.

5. Avant de vous coucher, prenez au moins cinq minutes pour passer en revue les points essentiels du texte d'introduction et terminez par une dernière lecture de la leçon du jour.

6. Lorsque vous aurez achevé de cette manière le cycle des 18 leçons, recommencez depuis le début. Vous devriez rencontrer moins de difficultés que la première fois.

7. Il vous est conseillé de suivre ce processus jusqu'à ce que vous arriviez au point où vous pensez aux leçons et où vous les appliquez régulièrement, sans avoir besoin de vous reporter aux textes.

Principes de base des leçons

1. L'une des principales raisons d'être du temps est de nous permettre de choisir ce dont nous voulons faire l'expérience. **Voulons-nous faire l'expérience de la paix ou voulons-nous faire l'expérience du conflit ?**

2. Tous les esprits sont unis et ne font qu'un.

3. Ce que nous percevons au moyen de nos sens physiques nous présente une vision limitée et déformée de la réalité.

4. Nous ne pouvons vraiment pas changer le monde dans lequel nous vivons, ni les autres gens. Nous **pouvons** changer notre perception du monde, des autres et de nous-mêmes.

5. Il n'y a que deux émotions : l'amour et la peur. L'amour est notre vraie réalité; la peur est fabriquée par notre mental et n'a de ce fait aucune réalité.

6. Ce que nous vivons n'est rien d'autre que notre état d'esprit projeté à l'extérieur. Lorsque notre état d'esprit est fait de bien-être, d'amour et de paix, nous allons projeter ce dont nous faisons l'expérience. Si notre état

d'esprit est tout de doute, de peur et de souci concernant la maladie, nous allons projeter cet état à l'extérieur où il deviendra la réalité de notre expérience.

Conclusion

Ce Cours fournit les principes directeurs permettant de guérir nos relations et de faire régner la paix intérieure. Ses applications pratiques peuvent nous aider à changer nos perceptions, afin que nous ne nous sentions plus séparés, effrayés ou en conflit, mais que nous fassions plutôt l'expérience de l'union, de l'amour et de la paix. La guérison survient lorsque nous apprenons à pardonner au monde et à tous ceux qui s'y trouvent, et à voir de ce fait chacun, y compris nous-mêmes, comme innocent.

Chaque instant de notre vie peut être vu comme une occasion pour un nouvel éveil, pour une renaissance, libérée de l'intrusion sans intérêt de souvenirs du passé, d'attentes concernant le futur. C'est dans la liberté de l'instant présent que nous pouvons laisser s'épanouir notre nature aimante.

En choisissant régulièrement l'amour au lieu de la peur, nous pouvons faire l'expérience d'une transformation personnelle qui transcende les limites de nos sens physiques. Nous reconnaissons alors l'amour qui nous unit réellement tous.

Une phrase du « Cours sur les Miracles » résume très simplement ce Mini-Cours :

« N'enseignez que l'amour
car c'est ce que vous êtes. »

DONNER C'EST RECEVOIR

Mini-Cours pour guérir nos relations, vivre avec amour et faire l'expérience de la paix intérieure

♥ ♥ ♥ ♥ ♥ ♥ ♥ ♥ ♥ ♥ ♥ ♥ ♥ ♥

Est-ce que je veux faire l'expérience de la paix ou est-ce que je veux faire l'expérience du conflit ?

Si je veux la paix, je ne pense qu'à donner; si je veux le conflit, j'essaie d'obtenir quelque chose ou de comprendre pourquoi je ne l'obtiens pas.

Posez-vous la question suivante à propos de chaque communication :

Cette communication témoigne-t-elle de l'amour pour l'autre personne et pour moi-même ?

(Relisez ce texte chaque jour.)

♥ ♥ ♥ ♥ ♥ ♥ ♥ ♥ ♥ ♥ ♥ ♥ ♥ ♥

1

♥ **Je ne suis jamais perturbé**
♥ **pour la raison que je crois.**

1

Je suis tenté de croire que je suis perturbé à cause des autres ou des circonstances et événements qui semblent échapper à mon contrôle. Mon trouble se manifeste, par exemple, par de la colère, de la jalousie, du ressentiment ou de la dépression. En réalité, ces sentiments constituent des formes d'expression de la peur et j'ai le choix. Je peux faire l'expérience de l'amour en étendant l'amour aux autres et mes peurs disparaissent. Je reconnais que je n'ai plus aucune raison de me sentir perturbé.

Au cours de la journée, dès que vous vous sentez enclin à la peur, rappelez-vous que vous pouvez faire l'expérience de l'amour et dites :

Ma paix ne vient que de moi-même.
Elle ne peut pas venir d'ailleurs.

2

♥ **Je suis décidé**
♥ **à voir les choses**
♥ **différemment.**

2

Durant presque toute ma vie, je me suis comporté comme un robot, réagissant à ce que les autres disaient ou faisaient. Maintenant, je reconnais que seules les décisions que je prends peuvent déterminer mes actions. Je revendique ma liberté en usant du pouvoir que me donne ma décision pour voir les autres et les événements avec les yeux de l'amour et non de la peur.

Aujourd'hui, dès que vous vous sentez porté à voir avec les yeux de la peur, répétez avec détermination :

Je ne suis pas un robot. Je suis libre. Je suis décidé à voir les choses différemment aujourd'hui.

3

♥ Je peux échapper
♥ au monde que je vois
♥ en renonçant
♥ à mes pensées agressives.

3

Je reconnais aujourd'hui que mes pensées agressives envers autrui sont en fait dirigées contre moi. Chaque fois que je croirai pouvoir obtenir ce que je veux en attaquant autrui, je me rappellerai que c'est toujours moi-même que j'attaque en premier. Je souhaite ne pas recommencer à me faire du mal aujourd'hui.

Pendant la journée, chaque fois que vous vous sentirez porté à vous faire du mal par vos pensées agressives, dites résolument :

Maintenant, je veux faire l'expérience de la paix de l'esprit. J'abandonne avec joie toutes mes pensées agressives et je choisis la paix.

4

♥ **Je ne suis pas la victime**
♥ **du monde que je vois.**

4

Ce que je vois dans le monde reflète ce que j'ai d'abord vu en moi. Je projette toujours sur le monde les pensées, sentiments et attitudes qui me préoccupent. Je peux voir le monde différemment aujourd'hui en changeant d'idées sur ce que je désire voir.

Tout au long de la journée, chaque fois que vous êtes tenté de vous considérer commme une victime, répétez :

Seules mes pensées d'amour sont réelles. Ce sont les seules pensées que je veux avoir dans cette situation (précisez laquelle) **ou avec cette personne** (précisez laquelle).

5

♥ **Il existe une autre façon**
♥ **de voir le monde.**

5

Le monde que je vois par les yeux de la peur est vraiment menaçant. Pourtant, il existe une autre façon de voir les personnes et les choses qui me sont familières, comme si je les voyais pour la première fois. Débarrassé de mes peurs issues du passé, je peux faire l'expérience de la beauté, de la joie et du contentement qui se trouvent partout autour de moi et chez tous les gens qui font partie de ma vie.

Pendant la journée, chaque fois que vous éprouvez de la peur, répétez :

C'est l'instant que je choisis pour te libérer, toi (nom), **ainsi que moi-même, d'un monde de peur. Nous pouvons nous unir pour voir ensemble un monde d'amour.**

6

- ♥ **Je peux remplacer**
- ♥ **ce que je vois**
- ♥ **par la paix.**

6

La plupart du temps, je vois un monde morcelé où rien ne semble avoir beaucoup de sens. Les éléments épars de ma vie quotidienne reflètent le chaos que je vois en moi-même. Aujourd'hui j'accueille une nouvelle perception de moi-même et du monde.

Si vous sentez que quelqu'un ou quelque chose menace votre paix, répétez :

Je choisis de voir l'unité de la paix au lieu de la fragmentation de la peur.

7

♥ **Il n'y a rien à craindre.**

7

Le monde transformé par ma vision aimante me démontre qu'il n'y a rien à craindre. Il m'est impossible de faire l'expérience de l'amour et de la peur en même temps. Il m'est tout aussi impossible de connaître la paix quand j'ai peur.

Aujourd'hui, je choisis de vivre uniquement l'amour en me rappelant que :

Il n'y a rien à craindre.

8

♥ **La peur ne se justifie**
♥ **sous aucune de ses formes.**

8

Il m'est possible d'être préoccupé par les peurs issues du passé ou les rêves concernant le futur, mais je ne peux vivre que dans le moment présent. Ce moment est précieux parce que différent de tous les autres moments. Bien que chaque instant me donne une occasion de développement personnel et de plénitude, aucun moment n'est plus favorable que maintenant, aucun endroit n'est plus indiqué qu'ici.

Aujourd'hui, chaque fois que je serai tenté de vivre dans le passé ou le futur, je me rappellerai que :

Je peux vivre ici et maintenant sans rien avoir à craindre.

9

♥ **En vérité,**
♥ **donner et recevoir**
♥ **sont une seule et même chose.**

9

Donner et recevoir ne font qu'un et doivent survenir en même temps. Je ne peux recevoir que ce que je donne. Cela est vrai pour toutes les situations et relations que je connais dans ma vie. Puisque je veux recevoir la paix et l'amour tout au long de cette journée, je dirai en silence ou directement à chacun de ceux que je rencontrerai :

Je t'offre la paix et l'amour, et j'accepte la paix et l'amour pour moi-même.

10

♥ **Le pardon**
♥ **est la clé du bonheur.**

10

Quand je considère quelqu'un comme coupable, je renforce mon propre sentiment de culpabilité et d'indignité. Je ne peux pas me pardonner à moi-même tant que je ne veux pas pardonner aux autres. Peu importe ce que je crois avoir subi ou fait aux autres dans le passé. Seul le pardon peut me libérer complètement de la culpabilité et de la peur.

Aujourd'hui, je choisis d'abandonner toutes mes fausses perceptions passées de moi-même et des autres. Je leur préfère l'union avec tous les autres et je dis :

Je ne nous vois, toi et moi, pas autrement que dans la lumière du vrai pardon.

11

♥ **Tout ce que je donne**
♥ **m'est donné.**

11

J'ai fait l'erreur de croire que je pouvais donner à mes semblables autre chose que ce que je désire pour moi-même. Puisque je veux connaître la paix, l'amour et le pardon, il n'y a pas d'autres cadeaux que je puisse offrir aux autres. Leur offrir le pardon et l'amour au lieu de les attaquer n'est pas de la charité de ma part. Offrir l'amour est plutôt le seul moyen de l'accepter pour moi-même.

Aujourd'hui, en toute situation et lors de chaque rencontre, dites :

Tout ce que je donne m'est donné. Est-ce que je donne ce que je désire pour moi-même ?

12

♥ **En mon attitude**
♥ **non défensive**
♥ **réside ma sécurité.**

12

Une réaction défensive par rapport à un monde qui « m'attaque » n'est pas efficace, puisqu'elle va accentuer mes sentiments de faiblesse et de vulnérabilité. Seuls les peureux croient que leurs défenses les protègent, car ils ne voient pas qu'ils sont pris dans un enchaînement sans fin d'attaques et de défenses. Au contraire, l'absence de défenses est la force et elle est inattaquable. Aujourd'hui, je reconnais que mes défenses ne me protègent pas, mais produisent l'effet opposé à celui que je désire.

Au cours de la journée, quand vous vous sentez menacé, dites-vous ceci :

Ma sécurité et ma force résident dans mon attitude non défensive. Aujourd'hui je choisis d'abandonner la faiblesse.

13

♥ **Aujourd'hui**
♥ **je ne porterai aucun jugement**
♥ **sur ce qui arrive.**

13

Ne reconnaissant pas à quel point ma vision était limitée, j'ai cru possible de juger les gens et les événements. Pourtant, la plupart de mes expériences ressenties comme difficiles ou désastreuses m'ont donné de belles occasions de changer ma perception. Chacun de ces défis m'a offert une chance supplémentaire d'apprendre exactement les leçons dont j'ai le plus besoin.

Aujourd'hui je regarderai ce qui se passe sans juger et je me rappellerai fréquemment que :

Chacun existe avec moi, pour être aimé et non jugé.

14

♥ **Cet instant**
♥ **est le seul temps qui soit.**

14

Mes préoccupations concernant le passé et mes projections dans l'avenir s'opposent à mon désir de paix dans le présent. La paix ne peut être trouvée dans le passé ou le futur, mais seulement dans l'instant présent. Le passé est révolu et le futur n'existe pas encore. Je suis déterminé à vivre aujourd'hui libre des chimères du passé comme du futur en m'immergeant pleinement dans l'instant présent et en me rappelant que :

Cet instant est le seul temps qui soit.

15

- ♥ **Le passé est révolu.**
- ♥ **Il ne peut plus m'affecter.**

15

C'est seulement si je revis sans cesse le passé dans le présent que je deviens l'esclave du temps. En pardonnant et en abandonnant le passé, je me libère du fardeau de souffrances que je traîne dans le présent. Maintenant, je revendique mes possibilités d'être libre dans le présent, débarrassé de mes pensées déformées du passé.

La liberté est mon but aujourd'hui et je dis :

Je choisis de revendiquer ma libération des peines et souffrances passées en vivant seulement dans le présent immédiat.

16

♥ **Seule**
♥ **ma propre condamnation**
♥ **me blesse.**

16

Sans condamnation, je suis libre de la culpabilité et de la peur. Si je crois que je peux faire du mal aux autres, je dois aussi croire qu'ils peuvent m'en faire.

Aujourd'hui je vais reprendre ma liberté en acceptant le pardon pour moi-même et en l'étendant à tous, et je me rappelle que :

Je choisis avec joie de me délivrer, ainsi que toutes les personnes de ma connaissance, de la prison de la condamnation.

17

- ♥ **Je peux choisir de changer**
- ♥ **toutes les pensées**
- ♥ **qui font mal.**

17

J'ai dans l'esprit des pensées qui me font mal et d'autres qui m'aident. A tout moment, je choisis ce que contient mon esprit, choix que personne ne peut faire à ma place. Je peux donc choisir de ne garder que mes pensées d'amour.

Je **suis** décidé aujourd'hui à n'avoir que des pensées libres de peur, de culpabilité ou de condamnation concernant moi-même ou les autres, en répétant :

Je peux choisir de changer toutes les pensées qui font mal.

18

Je suis responsable
de ce que je vois.
Je choisis les sentiments
dont je fais l'expérience
et je décide du but
que je souhaite atteindre.
Tout ce qui m'arrive,
je l'ai voulu et je reçois
ce que j'ai demandé.

Ce Mini-Cours *se fonde sur des concepts présentés dans* Un cours sur les miracles. *Les phrases clé des 18 leçons sont des citations de ce Cours. La Fondation pour la Paix Intérieure en possède le copyright et elles sont reproduites ici avec son autorisation.*

Un Cours sur les Miracles *se compose d'un Texte de 622 pages, d'un Livre de Travail pour les Etudiants de 365 leçons et d'un Manuel pour les Enseignants de 88 pages. Le Cours développe largement des notions présentées ici, ainsi que d'autres concepts, dans un contexte toujours spirituel.*

Foundation for Inner Peace
P. P. Box 635, Tiburon, CA 94920, USA.

(Le Cours est actuellement disponible en anglais. La traduction en langue française est en préparation.)

LES ÉDITIONS SOLEIL

Nous sommes de plus en plus nombreux à désirer nous rapprocher de la nature, donner une part plus grande à la créativité personnelle et vivre pleinement dans un monde en changement constant. Pour cela, il nous faut découvrir les principes de santé et d'harmonie nous permettant d'améliorer notre relation avec nous-mêmes, nos proches et le monde dont nous faisons partie.

Les méthodes de santé sont actuellement multiples et variées. Qu'elles soient issues des traditions anciennes ou des études scientifiques modernes, il est important de percevoir leur complémentarité pour faire ensuite librement ses choix et agir en se prenant en charge.

Tel a été le message de la FONDATION SOLEIL qui a œuvré pendant douze ans pour la pédagogie de la santé, avec le principe de *proposer sans imposer, informer sans prendre parti.*

S'inspirant de cette démarche, les ÉDITIONS SOLEIL présentent des chemins possibles, montrent des directions, en se situant au-delà des querelles d'école et en respectant les convictions et préférences de chacun. D'un livre à l'autre se multiplient les occasions de prise de conscience et de compréhension. Si les expériences proposées nous attirent, nous sommes invités à *vivre toujours plus au pays du bien-être :* favoriser notre santé et notre épanouissement, développer nos ressources personnelles et notre connaissance de nous-mêmes dans une approche globale tenant compte de toutes les dimensions de l'être humain : physique, émotionnelle, mentale et spirituelle.

Elaborés par un groupe de personnes de tous horizons réunies par leur intérêt pour la pédagogie de la santé, les livres signés "Docteur Soleil" présentent la synthèse des études menées sur un sujet donné. A la portée de tous, ils sont rédigés dans un langage simple et avec humour. Comme tous les livres des ÉDITIONS SOLEIL, ils ne sont pas destinés à nous intellectualiser davantage, mais à nous inciter à sortir du monde des limitations pour entrer dans une conscience de la vie plus large, plus drôle, plus libre, plus dense et plus palpitante.

Les ÉDITIONS SOLEIL publient également des cassettes dont la plupart complètent les livres.

Pour tout renseignement :
EDITIONS SOLEIL - 32, avenue Petit-Senn
CH-1225 Chêne-Bourg, Genève
Tél. (022) 49 24 70

TECHNIQUES DE VISUALISATION CRÉATRICE
Shakti Gawain

Votre imagination vous permet de créer une image précise de ce que vous désirez, puis de soutenir cette image par l'énergie positive de votre attention jusqu'à ce qu'elle devienne une réalité objective. Utilisez cette puissance pour créer ce que vous désirez : amour, joie, relations satisfaisantes, travail gratifiant, santé, beauté, prospérité... Vous pourrez choisir ce que vous voulez vivre au lieu de subir des situations où vous dépendez d'autrui ou de vos conditionnements. La visualisation créatrice vous ouvre les portes de l'abondance naturelle de la vie.

192 pages / FS 24.– / FF 88.–

UTILISE CE QUE TU ES
Fun-Chang

Un conte pour partir à la découverte de soi.

En s'interrogeant sur le sens de l'existence un empereur de Chine découvre ce que signifie *vivre le moment présent*. Ce texte, attribué à un auteur ayant vécu plusieurs siècles avant J.-C., est d'une grande densité poétique. Porteur d'un message, il stimule l'intuition et la capacité d'imagination.

80 pages/illustré/FS 14.-/FF 52.-

UN CONTE CHINOIS
DANS LA LIGNE DU PETIT PRINCE
DE SAINT-EXUPÉRY
OU DE JONATHAN LE GOÉLAND
DE R. BACH

TRANSFORMEZ VOTRE VIE
Louise L. Hay

Nous avons le pouvoir d'agir sur nos pensées et ainsi de transformer notre vie.

Tel est le message de Louise L. Hay qui vous accompagnera, pas à pas, dans votre démarche vers la guérison par plus d'amour, plus de pardon et plus de joie de vivre.

Unique : des propositions de nouveaux schémas de pensée pour parvenir à se libérer de 300 maladies et affections.

"Un merveilleux livre pour restructurer sa vie et trouver l'estime et l'amour de soi." (Bernie S. Siegel, auteur de "L'Amour, la médecine et les miracles").

312 pages / FS 29.– / FF 98.–

LE GUERRIER PACIFIQUE
Dan Millman

Guidé par un vieux guerrier plein de sagesse et d'humour, un champion du monde de gymnastique pénètre dans l'univers de son inconscient, découvre la vie et la mort, le rire et la magie. Sa transformation le mène à une confrontation finale qui peut le libérer ou le détruire.

"Une nuit, à 3 h 30, dans une station-service, je rencontrai pour la première fois Socrate. Cette rencontre et les aventures qui ont suivi allaient changer ma vie..."

258 pages / FS 32.– / FF 98.–

DU MÊME AUTEUR

AIMER C'EST SE LIBÉRER DE LA PEUR
Docteur Gérald Jampolsky

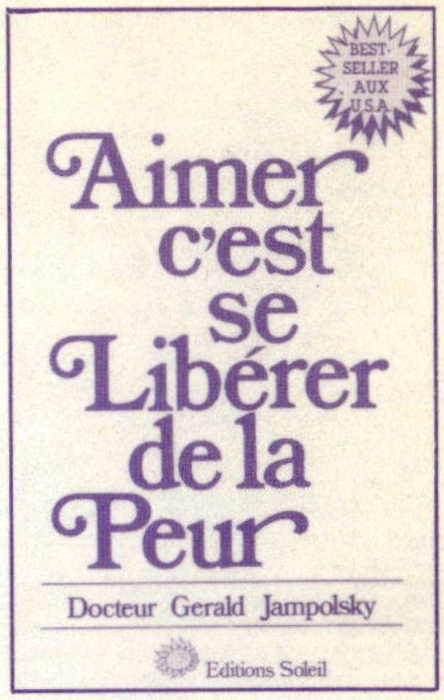

Il n'y a que deux émotions : l'amour et la peur. La première est notre héritage naturel, l'autre, une création de notre esprit. Apprendre à se délivrer de la peur permet de trouver l'amour et l'harmonie.

Ce livre est un guide pratique. Ses leçons nous permettent d'appliquer chacune de ses idées-clé dans notre vie quotidienne.

154 pages / FS 22.– / FF 82.–

N'ENSEIGNEZ QUE L'AMOUR
Docteur Gérald Jampolsky

Ce livre expose les principes de la guérison des attitudes, qui consiste à ne garder que des pensées d'amour, à ne plus nous percevoir comme séparés les uns des autres, à ne plus analyser, interpréter ni juger. De très beaux exemples, choisis parmi les expériences de l'auteur avec ses malades, en majorité des enfants, illustrent ces principes.

150 pages / FS 24.– / FF 88.–

SANS PEUR ET SANS REPROCHES
Docteur Gérald Jampolsky

Les reproches : nous en adressons sans cesse aux autres et à nous-mêmes, parce que le passé ne s'est pas déroulé conformément à nos souhaits.

La peur : elle ne nous quitte pas. Nous redoutons d'avoir à subir les mêmes déceptions dans un futur qui ne répondra pas davantage à nos attentes. La peur et les reproches compromettent nos relations avec les autres, notre paix intérieure et, de proche en proche, la paix du monde.

224 pages / FS 24.– / FF 88.–

56

Achevé d'imprimer en Juin 1990
sur les presses de l'Imprimerie CHEVALLIER
à La Roche-sur-Foron
(Haute-Savoie)